RÖMISCHES
SARMATIA
ARE INTERUM
ARABIA

Weitere Abenteuer auf:
www.thienemann.de/CodewortRisiko

Gib deinen persönlichen Geheimcode ein
und erlebe die spannende Welt von
Codewort Risiko!

Frank M. Reifenberg

Florus und das mörderische Wagenrennen

Mit Bildern von Susanne Wechdorn

Thienemann

Reifenberg, Frank M.:
Florus und das mörderische Wagenrennen
ISBN 978 3 522 18241 6

Reihengestaltung: init.büro für gestaltung, Bielefeld
Einband- und Innenillustrationen: Susanne Wechdorn
Rätsel (Konzeption): Anja Lohr
Schrift: ITC Stone Sans, Kosmik
Satz: KCS GmbH, Buchholz/Hamburg
Reproduktion: Medienfabrik, Stuttgart
Druck und Bindung: Friedrich Pustet, Regensburg

5 4 3 2 1°   10 11 12 13

www.thienemann.de
www.frank-reifenberg.de
www.lesefoerderung-fuer-jungen.de

Inhaltsverzeichnis

Retter in der Not

Florus hörte zuerst das panische Wiehern der Pferde, dann sah er den Reisewagen über die Straße rattern, die nach Rom führte. Aus der Öffnung des Wagenkastens lehnte sich ein Mädchen und rief um Hilfe. Der Kutschbock war leer. Das Gespann nahm mehr und mehr Tempo auf.

Eines der Speichenräder schrammte gegen die Seitensteine am Straßenrand. Der Wagen geriet ins Schleudern, fand aber wieder in die Spur zurück. Die gellenden Schreie des Mädchens trieben

die Pferde weiter an. Ein paar Männer versuchten dem Wagen zu folgen, aber sie waren viel zu langsam.

Bevor das Gespann den Baum erreichte, unter dem Florus und sein Begleiter Quintus rasteten, stand Florus auch schon auf der Straße. Er rannte los, immer mit einem Blick über die Schulter. Seine Beine flogen über das Pflaster. Nur noch ein paar Schritte, dann hatten die Pferde ihn eingeholt. Florus spürte schon fast ihren heißen Atem im Nacken. Jetzt waren sie direkt hinter ihm. Einen Schritt nach links und er wäre hinüber, von den Hufen zermalmt oder den schweren eisenbeschlagenen Rädern überrollt.

Die vollblütigen Schimmel verlangsamten ihr Tempo kein bisschen, aber sie hielten seitlich Abstand zu ihm. Sobald der schweißglänzende Körper des einen Pferdes neben Florus hergaloppierte, streckte er die Hand aus. Beim zweiten Versuch erwischte er das Ledergeschirr. Fest zupacken, mit der zweiten Hand nach dem Zügel greifen, hochziehen und aus dem Lauf das eine Bein über den

Rücken des Pferdes schwingen. Florus hatte auf dem Landgut schon hundertmal geübt, wie man auf ein galoppierendes Pferd aufsprang.

Das Gespann raste weiter. Nur noch ein paar Meter und sie würden die Brücke erreichen, die über den Fluss führte. Spätestens dort würde es zum Unglück kommen.

»Brrrrrr!«, rief Florus. Er zog die leder-

nen Zügel fest an die Brust. »Ruhig, Großer, ruhig …«

Das Pferd warf den Kopf mit einem hohen Wiehern in den Nacken und drosselte nach ein paar Schritten das Tempo. Zunächst fast unmerklich, aber dann wurde es langsamer und mit ihm das zweite Pferd, bis der Wagen kaum

zwanzig Schritte vor der engen Zufahrt zur Brücke zum Stehen kam.

Florus’ Oberkörper sackte vornüber auf den muskulösen Nacken des Schimmels. Einen Moment blieb er so liegen und tätschelte das Tier am Hals.

»Danke, guter Junge«, flüsterte er kaum hörbar. Dann sprang er hinunter.

Hinten im Wagen herrschte Stille. Florus bestieg die Kutsche. Das Mädchen lag ausgestreckt auf dem Boden. Eine Verletzung konnte Florus nicht entdecken, aber sie rührte sich nicht. Ihr rötliches Haar hatte sich geöffnet. Sie trug ein Gewand aus grüner Seide und einen schlangenförmigen Goldreif am Arm. Sie musste sehr reiche Eltern haben.

Florus kniete sich neben sie, schob den einen Arm unter ihre Schultern, den anderen unter ihre Kniekehlen. Er trug sie von der Straße weg und bettete sie vorsichtig ins Gras.

Sie öffnete die Augen, die so grün waren, wie Florus es noch nie bei einem Menschen gesehen hatte.

»Wo bin ich?«, fragte sie. »Wer bist du?«

»Du bist in Sicherheit. Du hast noch einmal Glück gehabt. Ich bin Florus und wie heißt du?«

»Ich bin Livia, die Tochter von –«

Sie konnte nicht weitersprechen. Ein paar keuchende Männer traten zu ihnen. Einer schubste Florus zur Seite, ein anderer nahm das Mädchen auf den Arm.

»Weg, du Bengel, rühr sie nicht an.«

Livia wehrte sich, aber der Mann störte sich nicht daran und trug sie fort.

INFO

Die römischen Kaiser in den ersten Jahrhunderten nach Christus beherrschten große Teile der damals bekannten Welt: das heutige Italien, Spanien, die Länder westlich des Rheins, Großbritannien, Griechenland, die nordafrikanischen Küsten, Ägypten, Syrien, die Türkei und einige andere Gebiete. Wichtige Voraussetzung dafür war das viele tausend Kilometer umspannende Straßennetz. Teile davon kann man heute noch bewundern, wie die Via Appia, eine Straße, die von Rom zur italienischen Hafenstadt Brindisi führte. Sie wurde schon ca. 300 Jahre vor Christus gebaut. Auch in Deutschland, zum Beispiel mitten in der Kölner Altstadt, kann man noch über ein Stück Römerstraße laufen.

Die Pferde rasen sehr schnell.

Was hat sich nach ein paar Sekunden verändert?
Suche die 10 Fehler.

RÄTSEL ?

Allein in der großen Stadt

Keine Minute später waren die Männer mitsamt dem Mädchen und dem Pferdewagen verschwunden.

»Verflucht!«, hörte Florus hinter sich die Stimme von Quintus. Er watschelte schnaufend heran. »Bist du wahnsinnig geworden? Dein Leben aufs Spiel zu setzen!«, schimpfte er.

Quintus hatte einigen Einfluss auf dem Landgut ihres Herrn, auch wenn er eigentlich genau wie Florus ein Sklave war. Florus mochte ihn nicht, aber er durfte Quintus nach Rom begleiten –

das war eine unerwartete und große Auszeichnung.

»Es ist so heiß!«, jammerte Quintus. »Ich bekomme kaum Luft.«

Sie hatten den Auftrag, in Rom ein heilendes Öl zu besorgen. Eines der besten Rennpferde ihres Herrn hatte sich an der Sehne verletzt und man sprach der Arznei magische Kräfte zu. Nur kamen sie kaum voran, weil Quintus alle Nase lang eine Pause einlegte.

Sie hatten noch nicht einmal die breite, mit wuchtigen Steinquadern gepflasterte Via Appia erreicht. An eine Ankunft vor Einbruch der Dunkelheit war kaum noch zu denken.

»Warum muss ausgerechnet ich diese schreckliche Anstrengung auf mich nehmen?«, schimpfte Quintus in einem fort. »Alles nur wegen der dummen Gäule!«

»Das solltest du nicht den Herrn hören lassen«, widersprach Florus. »Er züchtet die edelsten Pferde im ganzen Imperium. Sie sind ihm mehr wert als seine Söhne.«

»Dich treten und beißen die Biester ja auch nicht.«

Florus lachte. Nein, das taten sie nicht. Manchmal hatte er das Gefühl, einer von ihnen zu sein.

Nachdem sie kaum eine Stunde gelaufen waren, hellte sich Quintus' Miene auf. Er hatte ein Gasthaus entdeckt, das er zu einer ausgiebigen Rast nutzte.

Als Florus den Vorschlag machte, wieder aufzubrechen, brannte die Sonne schon weit oben am Mittagshimmel.

Quintus schlug mit einem Mal einen schmeichelnden Ton an. »Du bist doch fast ein Mann. Zehn ... oder zwölf Jahre?«

»Neun«, verbesserte Florus ihn.

»Egal. Wie wäre es, wenn du alleine nach Rom gingst? Auf dem Rückweg sammelst du mich hier ein und niemand erfährt etwas davon.« Quintus lächelte verschwörerisch und hielt einen Lederbeutel hoch. Die Geldstücke, die der Herr ihnen zum Kauf des heilenden Öls anvertraut hatte, klimperten darin.

Keine Sekunde zögerte Florus. Er griff

nach dem Geldbeutel, obwohl ihm ein bisschen mulmig zumute war.

Nach ein paar Schritten schaute er zurück und sah Quintus, der es sich im Schatten eines Pinienbaums gemütlich gemacht hatte. Im Arm hielt er einen Becher mit Wein, der auf seine Tunika rann, weil der dicke Kerl schon wieder eingeschlafen war.

Als Florus ein paar Stunden später die sieben Hügel erblickte, auf denen Rom erbaut worden war, verflogen seine Bedenken. Die Hauptstadt des Römischen Reichs. Das Zentrum der Welt. Wagenrennen, Gladiatorenkämpfe – all das, wovon er bisher geträumt hatte, lag nun vor ihm.

Das Gedränge auf der Straße wurde mit jedem Schritt, den Florus sich der

Stadt näherte, größer. Ein lautstarkes Gewimmel hüllte ihn ein. Bauern zogen Handkarren mit Früchten. Hühner gackerten. Eine Frau schüttete einen Bottich stinkender Brühe direkt vor Florus'

Füßen aus. Gaukler führten Kunststücke vor. Zwei Händler stritten um den Preis eines Stoffs, der im Eifer des Gefechts in der Mitte auseinanderriss, und im Nu hatte der Streit sich zu einer Massenkeilerei ausgeweitet. Das also war Rom?!

INFO

Im alten Rom wurden Straßen in erster Linie für das Militär gebaut. Aber natürlich waren auch Händler und Reisende auf ihnen unterwegs. Nur reiche Leute konnten sich Pferde und Reisewagen leisten. Kürzere Strecken wurden oft auch in einer von Sklaven getragenen Sänfte zurückgelegt. Die einfachen Menschen hingegen gingen zu Fuß. Entlang der Strecken gab es Herbergen. Wer sie sich nicht leisten konnte, schlug sein Lager einfach am Straßenrand auf. Dabei konnte man schnell Opfer von Räubern werden.

Was gab es damals nicht in Rom? Entschlüssle die Wörter und du findest es heraus.

Tipp: Die Wörter sind rückwärts geschrieben.

RÄTSEL

Haltet die Diebe

Florus umklammerte den Beutel mit den Münzen, den er unter seinem Gewand verborgen hatte. Er schob sich weiter durch das Gedränge. An einem Brunnen setzte er sich erschöpft auf die Marmorstufen des Bauwerks. Er kühlte seine glühenden Wangen mit dem frischen Nass. Dann fragte er den erstbesten Mann nach dem Weg, aber statt einer Antwort bekam er nur ein Knurren zu hören. Ein anderer stieß ihn einfach zur Seite.

»Bist wohl zum ersten Mal in Rom, was?«

Florus fuhr herum. Ein Junge, ungefähr in Florus' Alter, stand hinter ihm. Er grinste, wobei eine Zahnlücke zum Vorschein kam. Die schwarzen Augen in seinem schmutzigen Gesicht funkelten.

»Ich bin Aulus«, sagte der Junge.

Hinter dem Brunnen kicherte jemand. Plötzlich erschienen drei weitere Köpfe.

»Und das sind Longinus, Brutus und der Stumme.«

Longinus und Brutus plapperten laut durcheinander. Der Stumme kniff verbissen die Lippen aufeinander.

»Er kann nicht sprechen oder er will nicht, das weiß keiner«, erklärte Aulus.

Florus atmete auf – endlich ein paar freundliche Töne!

Aber er hatte sich getäuscht. Kaum hatte er den Geldbeutel losgelassen, grabschte einer der Jungen danach und so plötzlich, wie sie aufgetaucht waren, verschwanden die vier wieder im Gewühl.

Florus rannte ihnen hinterher. »Haltet die Diebe!«, schrie er, aber sein Rufen ging im Gewimmel der vielen Menschen unter.

Er schubste jeden, der ihm in den

Weg trat, zur Seite, doch nach wenigen Metern hatte er die Bande aus dem Auge verloren.

An einem Platz, wo das Gedränge ein wenig nachließ, sah er die vier wieder. Sie lungerten vor einem Tempel herum, dessen Dach von mächtigen Säulen getragen wurde. Eine Sänfte wurde direkt davor abgesetzt und eine verhüllte Gestalt betrat die breiten Stufen, die zu dem Tempel führten.

Einer der Diebe stieß einen anerkennenden Pfiff aus. Die Bande glaubte sich offenbar schon in Sicherheit. Die Jungen hatten sich gegenseitig die Arme um die Schultern gelegt und krümmten sich vor Lachen.

Vorsichtig näherte sich Florus ihnen. Ein paar Schritte von ihnen entfernt suchte er Deckung hinter einem Torbogen.

Er wartete auf eine günstige Gelegenheit, um ihnen entgegenzutreten.

»Dieser Idiot!«, lachte Aulus. »Bei uns ist das Geld viel besser aufgehoben als bei dem Landei!«

Florus trat hervor und stürzte sich auf den Anführer der Bande. Der Ringkampf dauerte nicht lange. Nach wenigen geschickten Griffen lag Aulus auf dem Boden.

Gegen den hinterhältigen Angriff des Stummen hatte allerdings selbst der beste Kämpfer keine Chance. Ein heftiger Schlag mit einem Steinbrocken traf Florus direkt auf den Kopf.

Florus' Hand ging zu seiner Stirn. Sie fühlte sich klebrig und feucht an. Alles wurde rot.

Stille breitete sich aus. Florus spürte, wie er vornüber auf die Knie sank. Der

Stumme hob den Stein und holte noch einmal aus.

»Nein, nicht!«, rief eine panische Stimme.

INFO

In der Antike bevölkerten zeitweise eine Million Menschen Rom. Für damalige Zeiten eine ungeheuer große Zahl. Ganz am Anfang bestand Rom nur aus ein paar Hütten auf den sieben römischen Hügeln. Der Legende nach wurde Rom im Jahr 753 vor Christus von Romulus gegründet. Die Zahl kann man sich mit einem Reim gut merken: Sieben fünf drei – Rom kroch aus dem Ei!

Schau dir die Bildausschnitte genau an
und suche sie im Bild.

Schreibe die passenden Buchstaben
nacheinander auf ein Blatt Papier.
Welches Lösungswort ergibt sich?

RÄTSEL

Eine neue Familie

Die Stimme erinnerte Florus an jemanden, aber seine Kräfte reichten nicht mehr aus, um den Kopf zu wenden. Er fiel vornüber. Dann wurde alles um ihn herum schwarz.

Als er die Augen wieder öffnete, blickte er in ein grünes Meer. Wenn tot sein so schön ist, kann man sich nicht beschweren, dachte er.

»Er wacht auf«, sagte jemand.

Erst jetzt wurde ihm klar, dass das grüne Meer die Augen eines Mädchens waren, das sich über ihn beugte. Er lag auf einer hölzernen Pritsche, zugedeckt mit einem weichen Laken. Er schien sich in einem vornehmen Haus zu befinden, Malereien verzierten die Wände des Zimmers, in einer Feuerstelle glühten wohlriechende Hölzer.

»Wer bist du?«, flüsterte er.

»Ich heiße Livia. Du hast mich vor den Toren der Stadt gerettet, als die Pferde mit meinem Wagen durchgegangen sind. Erinnerst du dich nicht, Florus?«

Er schüttelte den Kopf. Sie hatte ihn Florus genannt, aber er konnte sich nicht daran erinnern, dass dies sein Name war. Alles in seinem Gedächtnis war wie ausgelöscht.

»Ich wollte eine Opfergabe im Tempel darbringen, weil die Götter mir einen Beschützer geschickt hatten, und genau in diesem Moment schlugen dich Stra-

ßenräuber dort nieder. Ganze elf Tage hast du wie tot dagelegen.«

Florus betastete den Verband an seinem Kopf. Dann seufzte er und schloss wieder die Augen.

Erst Tage später, als er sich ganz erholt hatte, verstand Florus, was für ein großes Glück er gehabt hatte. Ohne Livia hätte er nicht überlebt.

Als es ihm etwas besser ging, führte Livia ihn zu den Ställen. Er wollte unbedingt die Pferde von Livias Vater sehen, von denen ein Sklave ihm erzählt hatte.

»Du bist also der tapfere Retter meiner geliebten Tochter«, begrüßte Julius Marcus Severus ihn. »Du hast dir eine Belohnung verdient. Was wünschst du dir?«

Florus dachte nach. »Herr, gebt mir eine Arbeit«, verlangte er schließlich. »Bei den Pferden!«

Die Leute um ihn herum kicherten hinter vorgehaltener Hand. Die Pferde waren dem Herrn des Hauses fast teurer als die eigene Tochter. Livia flüsterte ihrem Vater etwas ins Ohr.

»Du hast eine mächtige Fürsprecherin«, sagte Severus, »aber die Pferde – nein!«

In diesem Moment führte ein Sklave einen unruhig tänzelnden Braunen über den Hof. Das Pferd bäumte sich auf.

Florus zögerte nicht. Er näherte sich dem Hengst. Leise redete er auf ihn ein.

»Vorsicht, der Gaul ist geradewegs der Unterwelt entsprungen«, warnte ihn jemand.

Das Pferd schnaubte ein paarmal, dann senkte es den Kopf und ließ sich von Florus beruhigen.

Florus tastete seine Vorderläufe ab. »Herr, Ihr tut ihm unrecht. Seine Gelenke schmerzen. Gebt ihm Ruhe und er wird wieder friedlich.«

Aufgeregtes Getuschel erfüllte den Hof. Noch nie hatte jemand gewagt,

Julius Marcus Severus gute Ratschläge zu geben. Nachdem dieser das Pferd selbst in Augenschein genommen hatte, wandte er sich Florus zu.

»Du hast meine geliebte Tochter gerettet und du scheinst besser als meine Pferdepfleger mit meinen Tieren umzugehen. Ich will dir eine Chance geben. Ab heute bist du Teil meiner Familie, jedenfalls so lange, bis wir wissen,

wohin du wirklich gehörst. Du wirst Cassius zur Seite stehen. Er braucht einen neuen Stallburschen.«

INFO

Nicht für alle Menschen im alten Rom galten die gleichen Rechte. Es gab Bürger und Nichtbürger (Sklaven). Bürger waren durch das Gesetz besonders geschützt. Sie mussten verschiedenen Pflichten nachkommen, wie zur Wahl gehen, in der Armee dienen und öffentliche Ämter ausüben. Sklaven dagegen standen ganz unten in der Gesellschaft, sie gehörten zum Besitz ihrer Herren wie ein Pflug oder ein Maultier. Verdiente und treue Sklaven konnten unter bestimmten Bedingungen von ihren römischen Besitzern freigelassen werden, sie blieben jedoch Teil der Familie. Oberhaupt der Familie war der Pater Familias, also der Vater, der über seine Frau, die Kinder und Sklaven bestimmen durfte. Allerdings musste er auch gut für sie sorgen.

Welche Wörter kannst du mit PFERDE zusammensetzen?

RÄTSEL ?

Cassius, der Wagenlenker

In Cassius' Augen war kein bisschen Freude zu sehen, als Florus zu ihm kam.

»Bin ich es nicht mehr wert, die besten Burschen zu bekommen?«, schimpfte er.

»Gebt mir eine Chance, Herr«, bat Florus.

»Nenn mich nicht Herr. Herren sind hier andere«, gab Cassius missmutig zurück. »Ich bin Cassius, der Wagenlenker!« Er betonte das, als gäbe es nur diesen einen Wagenlenker im ganzen Römischen Reich.

In den nächsten Wochen legte Florus sich mächtig ins Zeug. Er wollte Cassius für sich gewinnen. Ungezählte Rennen hatte der braun gebrannte Mann schon gewonnen, dabei war er gar nicht so alt. Fast hätte er Florus' großer Bruder sein können.

»Miste die Ställe aus und wasche die Decken. Dann verteilst du das Futter und ...« Cassius' Aufträge nahmen kein Ende.

Jeden Abend sank Florus auf sein Lager und fiel in einen tiefen, traumlosen Schlaf. Wenigstens war er zu müde, um nachts darüber nachzudenken, woher er stammte und wohin er gehörte.

An einem heißen Sommertag rief Cassius ihn zu sich. »Striegle die vier schwarzen Hengste und dann spann sie an«, befahl er.

Diese Hengste waren die Teufel im Stall. Sie ließen sich nur von Cassius anfassen. Der versteckte sich hinter einem Mauervorsprung und wartete darauf, wie sich Thor, Odin, Tyr und Loki verhalten würden. Er hatte sie nach den Göttern seiner germanischen Heimat benannt, wobei Thor sein Lieblingspferd war. Die vier würden Florus eine Lektion erteilen!

Der Junge näherte sich den Pferden mit einem leisen Ton auf den Lippen. Wie zarte Lämmer folgten sie ihm. Er konnte sie sogar frei auf dem Hof stehen lassen, ohne dass die Hengste auch nur einen Versuch machten, auszubrechen.

Cassius schritt hinüber zu den blitzblank gefegten Ställen, schaute sich um und sprach: »Fleißig bist du. Und du weißt mit den Tieren umzugehen.«

Ein Strahlen fuhr über Florus' Gesicht.

Das war das erste lobende Wort aus dem Mund dieses Meisters der Pferde. Er neigte den Kopf.

»Lass das!«, blaffte Cassius. »Benimm dich nicht wie ein Sklave, auch wenn du hier einer bist. Kein Mensch ist ein Sklave, außer er hat Pech und fällt einem römischen Bürger in die Hände. Ich war ein freier Mann und Abkömmling eines alten Adelsgeschlechts hoch oben im Norden des Reiches, in den germanischen Provinzen, und das werde ich nie vergessen. Auch wenn ich hier jetzt ein Sklave bin.«

Florus' Augen verdüsterten sich. »Du weißt immerhin, woher du kommst und was du bist«, seufzte er.

Cassius legte die Stirn in Falten. »Ach, Kleiner, eines Tages wirst du dich auch wieder erinnern«, tröstete er Florus.

»Komm mit! Wir finden jetzt raus, was du kannst. Das ist nämlich viel wichtiger als das, was du bist!«

INFO

Wagenrennen waren eine beliebte Form der Unterhaltung. Sie fanden auf einer eigens dafür errichteten Rennbahn, dem Circus, statt. Viele reiche und mächtige Römer unterstützten die Rennen oder bezahlten sie sogar komplett. Das sollte ihnen das Wohlwollen der Bürger bei Wahlen sichern. An Renntagen ruhte das öffentliche Leben, die Arbeit blieb liegen und alle machten sich schon frühmorgens auf den Weg, um gute Plätze zu bekommen.

Wie oft kannst du auf der Rennbahn das Wort CIRCUS entdecken? Schau genau.

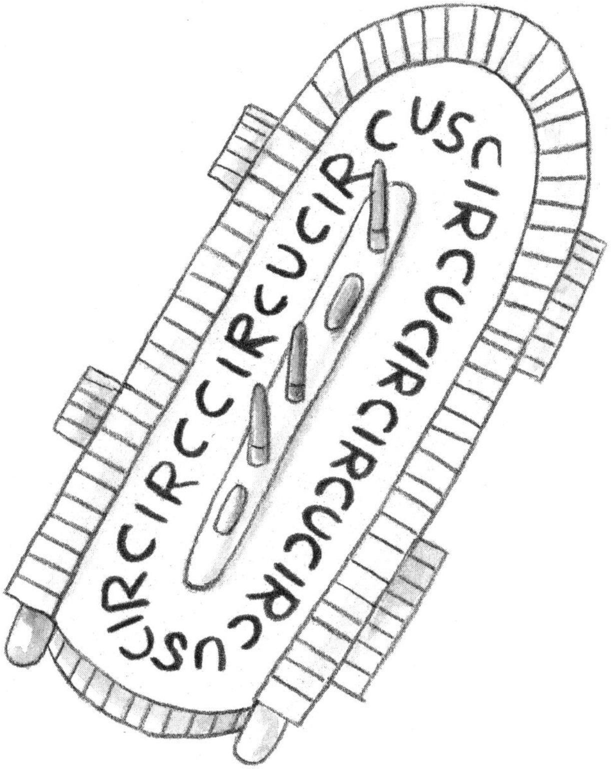

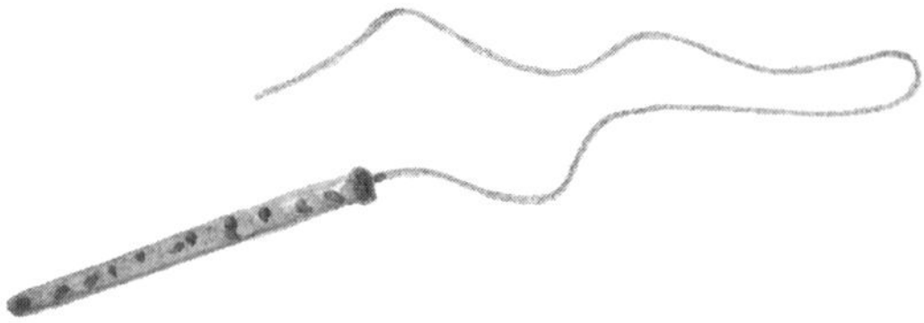

Florus wird ausgebildet

Ohne viele Worte spannte Cassius die schwarzen Hengste vor einen leichten Trainingswagen. Cassius schlug mit dem Schaft seiner Reitpeitsche gegen den Stiefel, der sein Bein bis fast zum Knie eng umschnürte.

»Nun komm schon!«

Auf der Straße stoben die Menschen fluchend auseinander. Wenn sie Cassius erkannten, riefen sie jedoch begeistert seinen Namen.

Vor den Toren der Stadt machte Cassius schließlich halt. Er drückte Florus die

Zügel in die Hand und sprang vom Wagen.

»Los, mach schon!«, befahl er. »Siehst du den Ölbaum dahinten? Der Circus Maximus ist es nicht gerade, aber für unsere Zwecke reicht es. Wenn du es schaffst, mit diesen vier Bestien den Baum zu umrunden und hierher zurückzukommen, bist du mein Mann. Wenn nicht, sag ich Julius Marcus Severus, dass er dich zum Teufel schicken soll!«

Florus hatte schon auf der Fahrt begriffen, was für ein großer Unterschied zwischen einem behäbigen Reisewagen und diesem Gefährt bestand. Es war ein wackliges Ding, auf dem er sich kaum halten konnte. Schweiß rann Florus' Nacken hinab.

»Gut«, krächzte er. »Zum Baum und zurück.«

»Hier, das hat jeder Wagenlenker dabei«, sagte Cassius. Er steckte Florus ein Messer an den Gürtel. »Wenn die Pferde dich aus dem Wagen reißen und du dich in den Zügeln verfängst, kannst du dich losschneiden. Sonst schleifen sie dich zu Tode.« Er gab einem der Pferde einen Schlag auf den Hinterlauf.

Loki wieherte und legte sich ruckartig ins Geschirr. Die anderen folgten ihm sofort. Florus' Kehle entfuhr ein Schreckensschrei. Er knickte in den Knien ein, die linke Hand verlor die Zügel. Eine Sekunde später lag er im Staub.

Das Gespann stoppte nach einem leisen Pfiff des Wagenlenkers auf der Stelle.

»Lektion eins: Sei auf der Hut, rechne immer mit der Hinterhältigkeit deiner Gegner und noch mehr mit der deiner Freunde!«

Wütend schlug Florus die Hand von Cassius aus, rappelte sich auf und klopfte den Schmutz aus seinen Kleidern. Cassius bekam kaum Luft vor Lachen.

Plötzlich hielt Florus nichts mehr. Seine Hände trommelten auf Cassius' Brust, er versuchte, ihn mit einem Schlag aufs Kinn umzuhauen, aber der andere reagierte blitzschnell.

»Ja, tob dich nur aus«, lachte Cassius, wurde dann aber wieder ernst. »Du musst noch eine Menge lernen, wenn du so gut werden willst wie ich. Lektion zwei: Gib nie auf. Nicht in der ersten Runde gewinnst du das Rennen, sondern in der letzten.«

Florus wischte sich durchs Gesicht, damit Cassius seine Tränen der Wut und Enttäuschung nicht sah. Dann stieg er zu ihm auf den Wagen.

»Such festen Stand«, erklärte Cassius. »In den Knien musst du alles abfedern.« Er blieb hinter Florus stehen.

Ein Gefühl der Sicherheit ging von Cassius aus und Florus ergriff die Zügel noch einmal. Er gehorchte den Anweisungen des erfahrenen Lenkers, nahm

den Ölbaum fest in den Blick und schnalzte den Pferden aufmunternd zu.

Die ersten Stöße fing er gekonnt ab. Wenn die Tiere durchgehen wollten, straffte er die Zügel. Cassius feuerte ihn an, aber Florus achtete nur darauf, die Kontrolle nicht zu verlieren. Das Tempo war ihm egal.

Er umrundete den Ölbaum in einem weiten Bogen, viel zu weit, wenn es ein Rennen gewesen wäre. Trotzdem hob sich bei der Wende ein Rad. Florus verlagerte das Gewicht, hielt sich im Wagen und steuerte mit etwas mehr Geschwindigkeit zum Ausgangspunkt zurück.

»Lektion drei ist die wichtigste und du hast sie ohne mein Zutun gelernt: Fahre immer dein eigenes Rennen, lass dich nie von anderen treiben. Bestimme immer, wo es langgeht«, lobte Cassius ihn und reichte ihm einen Schluck Wasser. »Dann kann es jetzt losgehen!«

INFO

Die wichtigste Rennbahn war der Circus Maximus in Rom. Er bot angeblich Platz für 250.000 Zuschauer, mehr als jedes Sportstadion heute. Seine Form war ein längliches Oval. In der Mitte befand sich ein langer Wall. Er bildete die Mittellinie, die verhinderte, dass die Gespanne ineinanderrasten. An beiden Enden standen säulenförmige Wendemarken. Die Rennbahn war circa 600 Meter lang und musste siebenmal umfahren werden. Oft fanden an einem Renntag 20 und mehr Rennen statt. In den Pausen unterhielten Akrobaten, Sänger oder Tierbändiger die Zuschauer.

Auf welchem Weg kommt Florus zum Ölbaum?

Mordanschlag

In den nächsten Tagen glaubte Florus trotz des Lobs nicht, dass er es jemals schaffen würde. Immer wieder verlor er das Gleichgewicht oder die Wagenräder holperten über einen Stein oder die Pferde machten, was sie wollten, oder alles gleichzeitig.

Nach und nach fand er die Tricks und Kniffe jedoch heraus und schon nach einer Woche durfte Florus ein Stück des Weges den Wagen lenken.

»Die Götter haben dich mit einem Talent beschenkt, wie es bisher nur einer hatte«, lobte Cassius ihn und Florus wusste, wer dieser eine war. »Und du hast schnell gelernt, schneller als jener eine.« Cassius lachte. »Ab heute bist du nicht mehr Stallbursche, sondern mein Assistent! Beweise, dass du ein würdiges Mitglied der grünen Partei bist.«

Florus' Kinnlade sackte fast auf seine Brust. Der Assistent des berühmten Cassius! Und mit allen Würden eines Mitglieds im Rennstall der Grünen versehen!

Am Abend dieses Tages brauchte Florus Stunden, bis er endlich einschlafen konnte.

Am nächsten Morgen baute er sich stolz vor Livia auf und verkündete die Neuigkeit.

Livia war gar nicht begeistert. »Jetzt siehst du nicht nur aus wie Cassius, du führst auch schon das Wort genauso großspurig wie er!«

»Ich werde ihn endlich begleiten, verstehst du, Livia? Er nimmt mich mit in den Circus Maximus!«

»Es ist furchtbar. Diese Rennen sind

viel zu gefährlich. Wofür habe ich dir das Leben gerettet?«

»Livia, ich habe nichts mehr, nur noch die Pferde. Ich bin nichts, außer ein Wagenlenker.«

»Du liest und schreibst wie ein Sohn aus gutem Hause. Wir sollten die Zeit nicht mit Pferden vertun, sondern mit der Suche nach deiner Familie. Fehlt sie dir denn gar nicht?«

Florus schwieg. Er hatte sich darüber auch schon gewundert. Vielleicht hatte er gar keine Familie. Jetzt jedenfalls waren die Pferde seine Familie. Und Cassius.

»Ach, die Götter mögen mit dir sein«, seufzte Livia.

»Herrin, schnell ...«, gellten plötzlich aufgeregte Rufe durch die Räume des Hauses.

Völlig außer Atem rannte ein Sklave herbei, der für das persönliche Wohlergehen von Cassius zuständig war. »Cassius … Mord ...«, stammelte er.

Livia und Florus eilten zum Gemach des Wagenlenkers. Sie fanden ihn verschwitzt und mit weit aufgerissenen Augen auf seiner Pritsche vor. Neben ihm lag ein Trinkbecher, der ihm aus der starren Hand gefallen war. Aus dem Mundwinkel rann weißlicher Schaum.

»Gift!«, murmelte Florus.

In diesem Moment gab Cassius ein Röcheln von sich.

»Er lebt noch, ruft den Arzt!«, befahl Livia.

Bis ein Arzt gefunden war, wollte Florus nicht warten. »Eine Feder, Livia, schnell!«

Das Mädchen zögerte nicht. Kurz darauf kam sie mit der Feder zurück.

»Cassius, hörst du mich? Du musst bei uns bleiben, mach den Mund auf!«, rief Florus.

Cassius war selbst dafür schon zu schwach.

Florus packte ihn einfach am Kiefer, wie er es mit den Pferden tat, wenn er ihnen ins Maul schauen wollte. Mit aller Gewalt drückte er den Mund des Wagenlenkers auf und steckte die Feder tief hinein.

Er kitzelte ihn am Gaumen, bis Cassius endlich zu würgen begann und sich erbrechen musste.

Kurze Zeit darauf atmete Cassius schon wieder tiefer.

Mit brüchiger Stimme beschwor er Florus und Livia: »Verliert kein Sterbenswörtchen über das, was hier geschehen ist. Unsere Gegner schrecken vor nichts zurück. Es gäbe einen Aufstand auf den Straßen, wenn es bekannt würde.«

INFO

Wagenlenker waren in der Antike die Superstars des Sports, wie heute Formel-1-Piloten oder Fußballspieler. Sie begannen ihre Ausbildung, bevor sie erwachsen waren. Die vier Rennparteien (die Grünen, Roten, Weißen und Blauen) wetteiferten miteinander. Die Anhänger dieser Rennparteien bejubelten ihre Wagenlenker. Manchmal waren sie so besessen davon, dass es zu schweren Unruhen kam. Oft wurde mit allen Tricks gearbeitet. So wurden kleine Bleitäfelchen im Sand der Rennbahn vergraben, in die Verwünschungen geritzt waren oder Bitten an die Götter, dem Gegner Unglück zu bringen.

RÄTSEL

Löse das Rätsel. Welches Wort erhältst du?
Setze die Wörter zusammen.

L

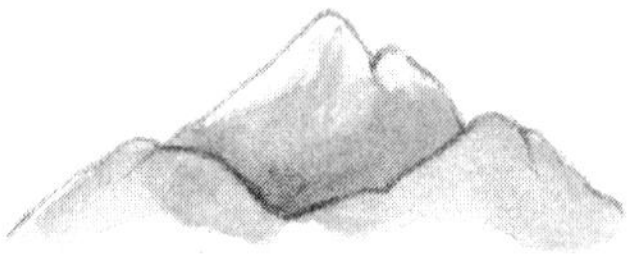

BER

IPF RD

BESE

ZE

Die durchgestrichenen Buchstaben darfst du nicht verwenden.

Tag der Entscheidung

Florus wich in den nächsten Tagen nicht von Cassius' Lager. Er fächelte ihm Luft zu und trocknete sein schweißnasses Gesicht. Das Gift hatte Cassius sehr geschwächt.

Als er wieder etwas kräftiger war, fragte Cassius: »Wie viele Tage sind es noch bis zu den großen Feiern?«

Der Kaiser hatte eine Rennwoche ausgerufen. Er unterstützte die grüne Partei und bezahlte ein Vermögen dafür. Seit Wochen schon freute sich das Volk von Rom auf die freien Tage und darauf, hemmungslos zu wetten, zu trinken und zu feiern.

»Wenn wir nicht starten ...«, flüsterte Cassius erschöpft. »Meine Freilassung, Florus, meine Freilassung.«

Florus wusste, was alles auf dem Spiel stand: die Ehre ihres Herrn, sein Vermögen und vor allem der Sieg, der Cassius die Freilassung aus der Sklaverei bringen sollte. Cassius hatte in den vergangenen Monaten immer wieder davon gesprochen. Endlich ein freier Mann zu werden und vielleicht sogar in seine Heimat zurückzukehren!

Florus ergriff mit beiden Händen die von Cassius. »Du schaffst es. Wir schaffen es!«, beschwor er ihn.

Cassius lächelte ihn an. »Am liebsten würde ich jetzt auch alles vergessen, so wie du!«

Am Abend dieses Tages fasste Florus einen Plan. Er musste einen Weg finden, damit Cassius sein Ziel erreichen konnte. Das Gift hatte seinen Freund nicht umgebracht, aber die Chance zu verpassen, endlich ein freier Mann zu werden – das würde Cassius den Rest geben.

Am Tag des großen Rennens waren die Straßen Roms wie leer gefegt. Hinter den Startboxen tänzelten die Pferde vor ihren Wagen. Helfer schnürten den Wagenlenkern noch einmal die ledernen Bauchgurte, die sie zum Schutz über der Tunika trugen. Der Mann der roten Partei drosch mit der Peitsche auf einen Sklaven ein, der ihm nicht schnell genug den Helm reichte.

»Wo bleibt dieser Cassius?«, fluchte ein Mann, der darauf zu achten hatte, dass alle rechtzeitig und in der richtigen Position antraten.

Als wollten sie ihm antworten, stießen Tyr, Odin, Thor und Loki ein gemeinsames Wiehern aus. Der Wagen der grünen Partei schoss über den engen

Platz hinter den Startboxen, drehte eine Runde und fädelte sich zwischen den anderen Gespannen ein. Unter dem Dröhnen der Fanfaren fuhren die Konkurrenten auf die Bahn, umrundeten einmal die Mittellinie und stellten sich

ihrem Publikum vor. Beifall brandete auf.

Bevor der Start freigegeben wurde, sammelten sich die Wagen noch einmal an ihren Boxen.

»Ich bin sehr froh, dass du im letzten Moment wieder zu Kräften gekommen bist, Cassius«, rief Julius Marcus Severus seinem Wagenlenker zu.

Der nickte lediglich und wandte dann schnell den Kopf ab.

Er fieberte nur noch dem Start entgegen und hatte für nichts anderes mehr Augen oder Ohren.

»Cassius, pass auf dich auf!«, rief Livia ihm zu.

Aber der Wagenlenker achtete nicht auf sie.

Der Schal, den das Mädchen ihm am Abend zuvor als Glücksbringer gegeben hatte, flatterte an einem Gurt auf Odins Rücken.

INFO

Meistens zogen vier Pferde einen leichten Wagen, dessen Umrandung kaum bis zu den Knien des Wagenlenkers reichte. Er stand auf einer Ledermatte, die nicht besonders rutschfest war. Heute kennen wir die Wagen nur von Abbildungen, beispielsweise auf Wandmalereien. Weil die Wagen fast komplett aus Holz und Leder bestanden, sind ihre Überreste verrottet. Die Achsen wurden mit Olivenöl geschmiert. Vor jedem Rennen musste der Wagen genau kontrolliert werden, weil immer die Gefahr bestand, dass ein Gegner heimlich etwas kaputt gemacht hatte. Ein beliebter Trick war es, die Metallstifte an den Achsen durch solche aus Wachs zu ersetzen. Durch die Erhitzung während der Fahrt schmolz das Wachs, das Rad löste sich und das Rennen war für das Gespann beendet.

Die Peitschenschnüre der Wagenlenker haben sich verheddert.

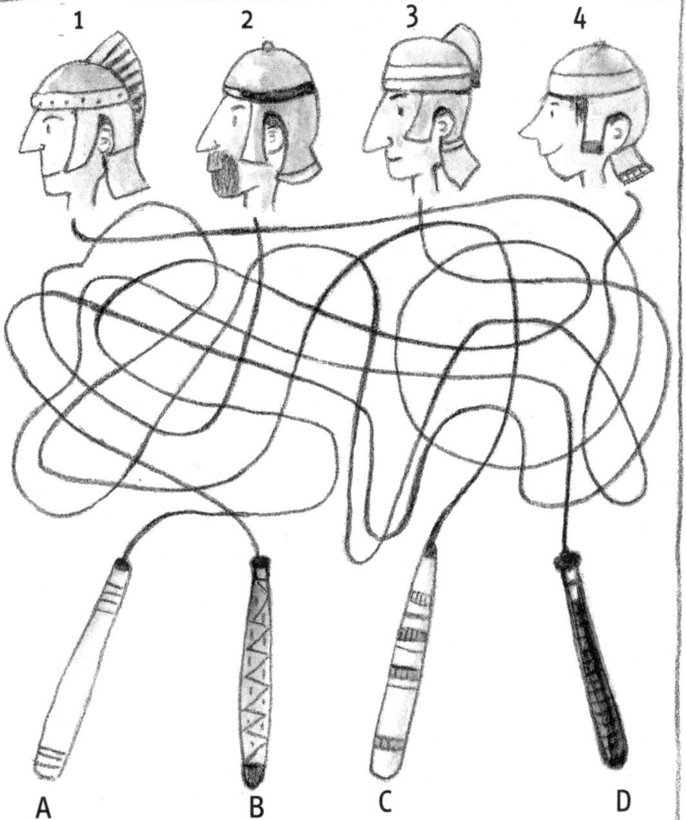

Entwirre sie und du findest heraus, welche Peitsche zu welchem Lenker gehört.

Florus muss siegen

Florus wagte es nicht, den Kopf zu heben. Er würde Glück brauchen, das stand fest. Alles Glück der Welt. Die Hitze unter seinem Helm wurde unerträglich. Seit dem Morgen war es mit jeder Stunde schwüler geworden. Jetzt zog sich der Himmel zu. War das ein Wink der Götter? Ein schlechtes Zeichen?

Schweißtropfen rannen ihm in die Augen, aber all das war ihm egal. Hauptsache, das Rennen wurde bald gestartet – bevor die Maskerade aufflog.

Er umklammerte die Zügel, drückte

das Kinn auf die Brust. Er hatte sich das Gesicht mit Schmutz und Asche eingerieben und hoffte, dass ihn unter dem Helm niemand erkannte.

»Rein mit dir!«, schrie einer der Aufpasser an den Boxen.

Florus hatte Mühe, die schwarzen Hengste in den schmalen Kasten zu lenken. Das Los hatte ihm einen der mittleren Startplätze zugeteilt, nicht gut, aber besser als ganz außen. Er zweifelte jetzt sehr daran, ob seine Idee wirklich gut gewesen war. Cassius hatte nach langem Drängen dem Plan zugestimmt.

»Ein Zwerg, kleiner als ein Tannenzapfen, niemals«, hatte er gewettert, aber Florus hatte nicht lockergelassen, bis er endlich die Erlaubnis bekommen hatte, Cassius' Platz einzunehmen. »Tyr, Odin, Thor und Loki sind Götter meines

Volkes, sie machen das schon alleine«, hatte Cassius versucht zu scherzen. »Aber wenn du unter den Rädern zermalmt wirst, dann beschwere dich nicht bei mir!«

Ein letzter Stoß der Fanfaren, der Kaiser gab das Zeichen zum Start.

Die Türen der Boxen schlugen auf, die Zuschauer brüllten, Peitschen knallten, die Wagenlenker feuerten ihre Gespanne an.

Direkt hinter der Startbox bäumten sich die Pferde eines der blauen Teams auf. Der Wagen stieß gegen einen anderen und ineinander verhakt überschlugen sie sich.

Sand spritzte Florus in die Augen, aber er blieb in der Spur, übernahm sogar die Führung. Sofort bedrängten ihn zwei Wagen, rechts ein blauer, links ein weißer. Scorpus! Ein Wagenlenker, der fast so berühmt war wie Cassius. Der erfahrene Mann feuerte seine Pferde mit der Stimme an. Mit der Peitsche schlug er nach Florus und erreichte, was er erreichen wollte: Florus zögerte für den Bruchteil einer Sekunde. Scorpus zog an ihm vorbei.

An der ersten Kehre riss Florus sich zusammen. Hier lauerten die größten Gefahren!

Wurde er zu weit hinausgetragen, dann zogen andere innen an ihm vorbei. Nahm er die Kurve zu eng, kippte der Wagen vielleicht um.

»Geh kein Risiko ein«, erinnerte er sich an die Worte von Cassius. »Unsere germanischen Götter haben Ausdauer, die stehen die volle Rennstrecke durch und zur Not auch das Doppelte. Lass die an-

deren sich bekämpfen und müde werden.«

Cassius hatte recht gehabt. In der zweiten und dritten Runde schossen sich zwei weitere Gegner in den Kurven aus der Bahn.

Plötzlich verlor jedoch auch Florus das Gleichgewicht. Er kippte zur Seite, ein

Zügel entglitt ihm, aber er fing sich wieder und schnappte den Lederriemen, bevor dieser die Pferde zu Fall bringen konnte.

Scorpus lag immer noch etwas in Führung. Runde für Runde preschte Florus heran. Seine Arme und Beine brannten wie Feuer. Noch nie hatte er die schwarzen Hengste so lange im Zaum halten müssen.

»Ich schaffe es nicht«, schnaufte er verzweifelt, verbesserte sich jedoch sofort: »Ich muss, ich muss, ich muss!«, schrie er.

»Der Germane muss mal«, höhnte Scorpus, der Florus' Ausruf gehört hatte.

Plötzlich hatte Florus das Gefühl, alles um ihn würde totenstill. Es war, als sinke der Himmel hinab. Über den dunkelgrauen Wolken zuckte mit einem Mal blendende Helle.

Aus dem Augenwinkel nahm Florus wahr, wie das Publikum zum Himmel starrte.

INFO

Die Pferde waren für die Wagenrennen von besonderer Bedeutung. Nur die besten durften im Circus laufen. Die Römer holten sie meistens aus den nordafrikanischen und spanischen Provinzen. Die großen Rennställe verfügten über Hunderte der besten Pferde. Der Preis für ein gutes Tier konnte ohne Weiteres den Gegenwert eines Gutshofs auf dem Land erreichen. Besonders erfolgreiche Pferde wurden von ihren Besitzern fast wie ein Familienmitglied behandelt, erhielten eigene Grabmonumente oder wurden mit Inschriften auf dem Grab des Besitzers geehrt.

Welche Pferde sehen genau gleich aus?

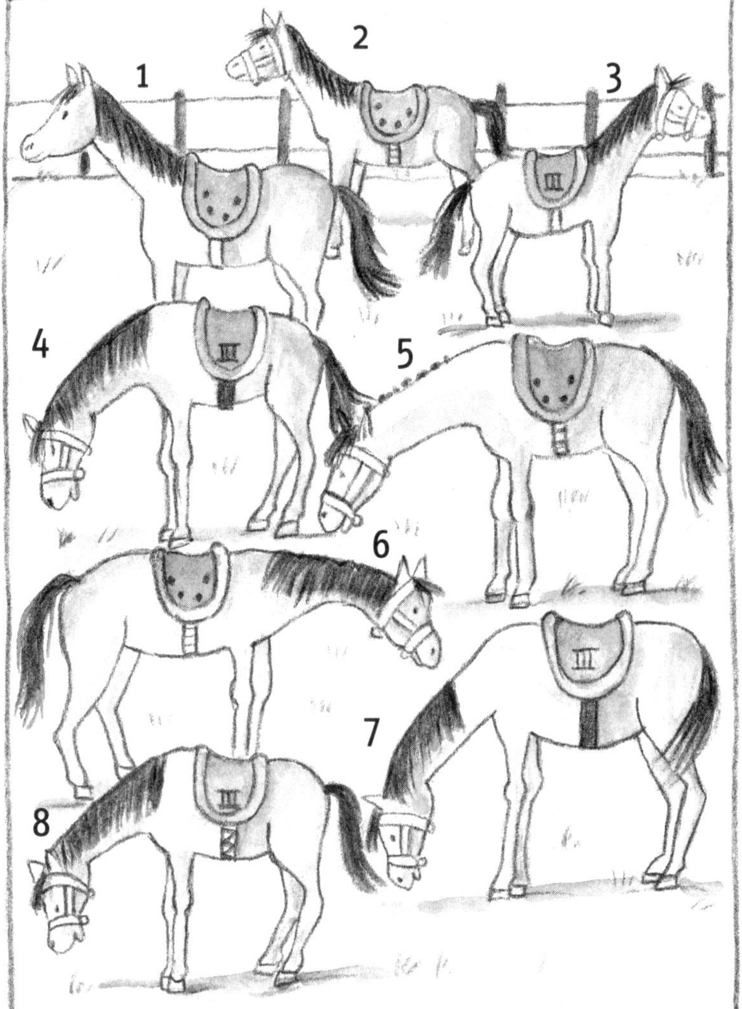

Donner und Blitz für die Grünen

Nur einen Wimpernschlag später durchbrach ein gleißender Blitz den bewölkten Himmel, ein Donnerschlag ertönte und Regen prasselte auf die Rennbahn.

Keines der Gespanne ließ sich von diesem Wetterschauspiel beeinflussen. Immer noch lag Scorpus knapp vor einem roten Gespann, dann folgte Florus, dem die Regentropfen nur so ins Gesicht schlugen.

Zu Beginn der siebten und letzten Runde hatte sich die Strecke in eine Rutschbahn verwandelt.

Dreck spritzte Florus in die Augen. Die Räder der Wagen verklebten mit Morast. Das Tempo der meisten anderen verlangsamte sich.

»Tyr, Odin, Thor, Loki!«, brüllte Florus gegen das Wetter an. »Lauft!«

Das rote Gespann wurde langsamer. Die Weißen hielten aber noch mit.

»Unsere germanischen Götter haben Ausdauer«, flüsterte Florus sich zu. Sie waren mit ihren Schnauzen schon auf der Höhe von Scorpus' Wagen.

»Lauft!«, schrie Florus. Er ging noch einmal tief in die Knie. Der Wagen schlingerte.

Von rechts holten die Weißen wieder

auf. Sie versuchten, sich zwischen Scorpus und das grüne Gespann zu drängen. Ein Konkurrent schlug mit der Peitsche auf Florus ein. Er spürte den brennenden Schmerz auf der Schulter kaum, stattdessen zog er sein Gespann eine Radbreite nach rechts.

Die Pferde des Gegners schreckten auf, ein folgenreicher Fehler so knapp vor dem Ziel. Der Weiße fiel zurück und behinderte Scorpus.

»Für Cassius!«, schallte der Ruf aus Florus' Kehle, als er mit seinem Gespann als Sieger über die Linie raste.

Danach lief alles ab, wie er es am Abend zuvor mit Cassius besprochen hatte. Florus lenkte den Wagen zu dem Bereich, der den Grünen vorbehalten war. Cassius schlüpfte unter einer der Pferdedecken hervor, drückte Florus fest an sich und übernahm das Gespann. Er war noch geschwächt, aber man würde die Erschöpfung den Anstrengungen des Rennens zuschreiben.

Dann preschte Cassius hinaus und nahm den tosenden Applaus der Zuschauer entgegen, die Münzen von den Rängen hinabwarfen.

Anschließend wurden ihm als Sieger ein Lorbeerkranz und ein Palmwedel überreicht.

Florus legte seine Rennkleidung ab, schlüpfte in sein eigenes Gewand und kam gerade hinzu, als Cassius seinen Gewinn entgegennehmen sollte. Die anderen Wagenlenker, die Organisatoren des Rennens, Julius Marcus Severus und viele Würdenträger wohnten der Ehrung bei.

Plötzlich erhob Cassius die Stimme. »Mein Herr«, sagte er an Livias Vater gewandt. »Ich weiß, dass Ihr nun Euer Wort einhalten und mich freilassen werdet. Aber dieser Sieg ist kein gewöhnlicher. Die Götter haben ihn uns geschenkt.« Er deutete zum Himmel. »Ich will ihnen mit meinem gesamten Gewinn danken, aber ich habe eine Bitte. Lasst auch Florus frei, ohne ihn hätte ich nie diese Ehre für die grüne Partei erringen können.«

Julius Marcus Severus hob erstaunt die Augen. Er suchte den Blick seiner Tochter.

Livia nickte.

»So soll es sein. Ihr sollt beide frei sein«, beschied Livias Vater.

Florus' Kinnlade kippte nach unten. Er brauchte eine geraume Zeit, bis er verstanden hatte, was gerade passiert war.

Erst als er sich mit Cassius um die vier Hengste kümmerte, sie striegelte und für ihre harte Arbeit im Rennen belohnte, brachte Florus den ersten Ton hervor.

»Ich bin …«, stammelte er, dann versagte ihm die Stimme wieder.

»Du bist ein Wagenlenker, daran besteht wohl kein Zweifel mehr. Und ein Sieger.« Cassius holte den Palmwedel und den Lorbeerkranz hervor. »Ehre, wem Ehre gebührt!«, sprach er in einem sehr feierlichen Ton und übergab die Zeichen des Sieges an Florus.

»Aber wehe, du wirst jetzt hochmütig! Du bist auch weiterhin mein Stallbursche«, lachte Cassius. Er drückte Florus an sich. »Und mein bester Freund!«

INFO

Die Rennen waren gefährlich. Besonders in den Kurven kam es zu Unfällen. Die Lenker steuerten die Wendemarken möglichst eng an, um den kürzesten Weg zu nehmen. Sie rangelten um die Positionen und versuchten ihre Gegner im letzten Moment zu überholen. Oft erlitten sie dabei »Schiffbruch«, so bezeichneten die Römer die schweren Unfälle, bei denen viel Blut floss. Je gefährlicher die Manöver der Fahrer waren, desto höher kochte die Stimmung im Circus. Die Lenker trugen leichte Helme, Schutzpolster an den Beinen, Ledergurte um den Bauch und darunter ein Gewand in der Farbe ihrer Partei. Sie hatten immer ein Messer dabei. Wenn sie aus dem Wagen stürzten und sich in den Zügeln verfingen, konnten sie sich damit losschneiden – damit sie nicht zu Tode geschleift wurden.

RÄTSEL ?

Kannst du die Quizfragen beantworten?
Hilfe findest du in den Infoboxen.

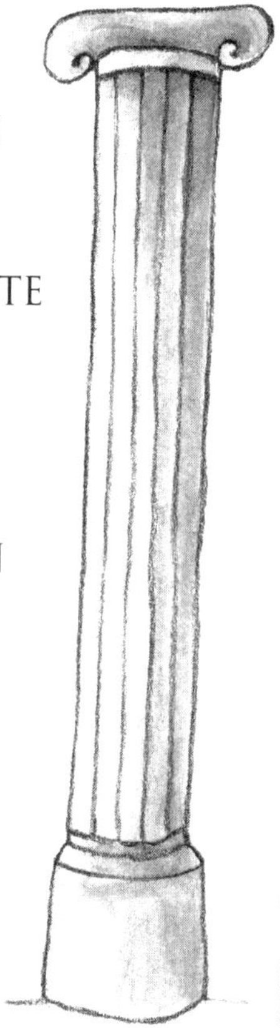

1. WIE VIELE PFERDE ZOGEN EINEN WAGEN?

2. WIE HIESS DIE WICHTIGSTE RENNBAHN IN ROM?

3. WER GRÜNDETE ROM?

4. WIE VIELE RENNPARTEIEN GAB ES IN ROM?

5. WIE VIELE HÜGEL HAT ROM?

Auflösungen:

S. 15: 

S. 23: In Rom gab es nicht: Handy, Computer, Flugzeuge. Es gab: Hühner, Handkarren, Herbergen, Pferde.

S. 31: Lösungswort: Florus.

S. 39: Lösungswörter: Pferdekutsche, Pferderennen, Pferdestall, Pferdesattel. Die Wörter Tisch, Stuhl, Birne und Stein passen nicht.

S. 47: Das Wort CIRCUS ist 2-mal zu sehen.

S. 56: Weg 3 ist der richtige.

S. 66: Lösungswort: Wagenlenker.

S. 75: A=1, B=3, C=2, D=4.

S. 84: Die Pferde 2 und 6, die Pferde 4 und 7 sehen gleich aus.

S. 94: 1. Vier Pferde. 2. Circus Maximus. 3. Romulus. 4. Es gab vier Rennparteien (die Roten, die Grünen, die Weißen und die Blauen). 5. Sieben Hügel.

HIBERNIA
BRITANNIA
GERMA
MAG
OCEANUS
ATLANTICUS
ITALIA
ROMA
GAETULIA
PHAZANIA